LES
CONVULSIONNAIRES

D'ACCORD AVEC LES LIBÉRAUX,

OU

ADRESSE AU ROI,

PAR UN ANCIEN CONSEILLER AU PARLEMENT,

A L'OCCASION

DES JÉSUITES ET DES ULTRAMONTAINS.

Ridiculum acri. . . . .

A PARIS,

CHEZ TOUS LES MARCHANDS DE NOUVEAUTÉS.

JANVIER 1827.

AVERTISSEMENT.

Au commencement du siècle dernier, un certain
nombre de gens de bien, touchés des dangers de l'au-
tel et du trône, formèrent une étroite alliance dans
le but de résister à l'autorité de l'Église et du Roi,
le tout pour la plus grande gloire de la religion et
du prince ; ils se qualifiaient d'*anti-constitution-
naires* ou d'appelans, et étaient surtout ennemis
des jésuites.

On les vit s'assembler auprès d'un tombeau ; là,
dans leur zèle, ils accusaient d'ambition l'obéissance servile des disciples d'Ignace, et s'excitaient
par humilité à braver les puissances ; l'insensibilité,
les fureurs, l'égarement poussé jusqu'au délire, di-
vins effets que l'ultramontanisme ne craignit point *
de taxer d'extravagances et d'impostures, étaient
les caractères distinctifs de leur mission : ils en re-
tinrent le nom de *convulsionnaires*.

Un conseiller au parlement de Paris, dont la vie

* L'archevêque de Sens, celui de Reims, tout l'épiscopat, à l'exception de quelques prélats.

jusque-là peu édifiante, comme il nous l'apprend lui-même, avait donné quelqu'occasion de scandale, résolut, depuis sa conversion opérée sur le Saint-Tombeau, de devenir l'historien de cette œuvre ; il fit plus, il s'en constitua le défenseur ; et dans une épître qu'il présenta au Monarque, avec son livre, essaya de prouver que ses plus fidèles sujets étaient ceux qui refusaient d'obéir à ses ordonnances formelles.

M. Legros, 2e. édit. des OEuvres de M. de Montgeron.

Il sera facile de se convaincre que dans *cet ouvrage la force des preuves et la dignité du style répondent à la grandeur du sujet ;* chef-d'œuvre de critique et de raison, le livre de M. de Montgeron est un trésor où les maximes et les pensées des hommes les plus éclairés, sans doute, et les plus indépendans de nos jours, se retrouvent dans une telle identité, qu'on pourrait croire qu'ils y ont puisé leurs doctrines et emprunté leurs expressions, s'ils ne nous avaient appris ce dont ils sont eux-mêmes capables.

Nous avons cru qu'une concordance des adversaires *anciens et modernes* du jésuitisme, serait de quelqu'intérêt et surtout de quelqu'utilité dans un moment où la société, comme au siècle des convulsionnaires, a *tant à craindre des jésuites;* il nous sera doux enfin de prouver que nos écrivains constitutionnels sont dignes d'être mis en regard de l'historien des convulsions.

En effet *, tout ainsi qu'il n'est point trop hardi d'affirmer que ce terrible ennemi des enfans d'Ignace, qui unit au patriotisme délateur de M. le comte de Montlosier, la candeur accusatrice de M. l'abbé de la Roche-Arnaud , et la science théologico-philosophique de M.' de Pradt, ex-archevêque de Malines, aux doctrines politico-gallicanes de M. le conseiller Cottu , serait digne aujourd'hui de marcher l'égal de ces grands citoyens et de ces sages **, il est peut-être permis de penser qu'à leur tour, MM. Cottu , de Pradt , de Montlosier et de la Roche-Arnaud , eussent fait de son temps des convulsionnaires très remarquables.

Ici, cependant, nous ne donnons qu'un extrait

---

* Locution favorite de M. de Montlosier.

** Croira-t-on qu'il reste des hommes qui taxent M. le Comte d'extravagance, et M. l'Abbé d'ingratitude; qui traitent M. l'Archevêque de réfractaire et M. le Conseiller d'ignorant. Que de jésuites !

de l'ouvrage indiqué ; c'est aux héritiers naturels de son auteur à recueillir sa succession tout entière ; son livre est un arsenal inépuisable , où ils pourront incessamment choisir des armes contre l'église de Rome et les ultramontains ; il est vrai qu'il y est parlé de *miracles* * ; mais il est facile , comme on sait, de les retrancher du texte, pour n'en garder *que la morale.*

* La crainte de blesser des oreilles délicates et *de certaines répugnances,* nous a fait substituer dans le cours de l'ouvrage le mot *faits* à celui de *miracles ;* nous eussions également supprimé celui de *jésuite,* nom odieux, qui, doué d'un fatal privilége , troublait jadis les convulsions des appelans et donne aujourd'hui des convulsions aux modernes opposans, si l'exemple de nos maîtres ne nous eût encouragé.

PORTRAIT DE L'AUTEUR,

PEINT PAR LUI-MÊME.

J'ai naturellement l'âme très basse et très timide....; j'étais non seulement ingrat, mais même incapable de toute reconnaissance....; j'étais violent dans tous mes désirs, je m'élevais contre quiconque s'opposait à mes passions sans avoir la force ni le courage de me résister, et j'affectais un air de hauteur et quelquefois de bravoure, qui était démenti par le fond de mon cœur naturellement lâche et timide ; et il y a plusieurs crimes très noirs que j'aurais commis, si je n'avais été retenu par la crainte des châtimens.....

Tom. 1er. de la *Vérité des Miracles* ; de la conversion opérée sur l'auteur.

CONCORDANCE.

(1) Pendant quarante ans de ma vie je n'ai cessé de combattre des opinions populaires... je ne ferai pas plus de grâce à une opinion religieuse égarée, etc. (Montlosier, *Mém.*, pag. 5.)

Observant depuis quelque temps les mouvemens des prêtres et celui du gouvernement, tout ce que j'ai de lumière m'oblige à penser que la religion et l'État sont en péril ; dès ce moment, tout ce que j'ai d'honneur m'oblige à le dire. (*Dénonciation aux Cours royales*, *par M. le comte de Montlosier*, pag. 63.)

. . (2) S'il y a quelque chose qui, en ce moment, soit fait pour embarrasser ma pensée, c'est d'avoir à traiter en public des intérêts de l'État. Pour toucher ces intérêts d'une manière convenable, je suis obligé de m'approcher du trône, et en quelque sorte de la personne sacrée du Roi ; placé entre ces deux sentimens, l'un de respect, qui me prescrit le silence, l'autre de fidélité, qui me porte à la défense du trône que je vois en danger, si je commets quelque faute, qu'elle me soit pardonnée. (*Mémoire à consulter, par M. de Montlosier*, pag. 157.)

(3) Avant de commencer le combat, j'ai dû, comme chrétien, scruter les mouvemens de ma conscience, et implorer les lumières d'en haut. (Montlosier, *Dénonciation*, pag. 6.)

ADRESSE AU ROI,

PAR

UN ANCIEN CONSEILLER AU PARLEMENT *,

A L'OCCASION

DES JÉSUITES ET DES ULTRAMONTAINS.

SIRE,

J'ose espérer qu'il sera permis à un de vos plus fidèles sujets, à un des ministres de votre autorité, qui depuis vingt-six ans (1) a l'honneur de rendre la justice en votre nom, de suivre enfin le zèle dont il se sent embrasé pour la gloire et les intérêts de Votre Majesté.

C'est pour la religion, dont Dieu vous a établi le protecteur, c'est pour la prospérité de votre règne et pour le bien de vos sujets, c'est pour la sûreté de votre trône que j'ose ouvrir la bouche.

Le véritable respect, celui qu'un sujet fidèle doit à son Roi, est d'être prêt à se sacrifier soi-même pour les intérêts de celui que Dieu lui a donné pour maître; un magistrat qui s'expose au ressentiment de toutes les puissances, pour faire entendre à son Roi la voix de la vérité (2), sans

* Il se prépara à l'action éclatante qu'il méditait et aux tribulations qu'il espérait, par des prières qu'il ne manqua point de faire chaque jour à ce sujet (3).

Epître au Roi,
p. 1, édit. 1737,
Utrecht.

Epître, p. 6,
édit. 1741, Co-
logne.

M. Legros, 2e.
édit., *des Mi-
racles.*

(1) Les courtisans qui s'emparent de tout ce qui est servile. (*Revue de* 1826 *, pag.* 29.)

(2) L'hypocrisie politique se fortifia de l'hypocrisie religieuse, plus puissante et plus subtile. (*Revue, pag.* 85.)

(3) Au prix de quelques outrages personnels, il m'a convenu de trouver dans mes concitoyens, pour le Roi, le même respect qui est en moi. (*Dénonciation, pag.* 40.)

(4) Qu'ils sachent que la bonne foi est toujours au fond de mon cœur. (*Les Jésuites modernes,* pour faire suite au *Mémoire à consulter,* par M. l'abbé Marcial Marcet de la Roche-Arnaud, pag. 15.)

(5) Informé de différens faits graves commis en infraction des lois de l'Etat, contre la sûreté du Roi, la prospérité de la religion, et désirant, en ma qualité de chrétien, de citoyen, de gentilhomme et d'ancien serviteur du Roi et de la royauté, donner connaissance à l'autorité publique de ces délits, je dénonce, etc.... (*Mémoire à consulter, Conclusion.*)

(6) Les faits, objets de la dénonciation, sont relatifs au rétablissement des jésuites, à la profession, soit ouverte, soit dissimulée de l'ultramontanisme, à l'esprit d'envahissement des prêtres. (*Dénonciation, pag.* 216.)

(7) On sait d'avance le but auquel on veut arriver, c'est de ranger parmi les simples opinions la doctrine de l'indépendance royale. (*Mémoire, pag.* 148.)

(8) Un vaste système, tranchons le mot, une vaste conspiration contre le Roi, contre la société, s'est élevée. (*Mémoire, pag.* 1.)

qu'aucun motif humain ait pu le porter à tenter une telle entreprise, ne peut être accusé que de trop de zèle. Et peut-on en avoir trop lorsqu'il s'agit des vrais intérêts de son Roi?

Qu'après cela le lâche (1) courtisan me condamne, que le timide politique (2) fasse tous ses efforts pour me noircir auprès de Votre Majesté, elle-même prendra ma défense, la bonté de son cœur m'en est un sûr garant : elle fera sentir à Votre Majesté que ma démarche, loin d'être un manque de respect, ne m'a été inspirée que par le respect (3) le plus profond et le dévouement le plus entier, et que c'est l'amour (4) seul de la vérité qui m'a imposé cette loi, et qui m'a donné le courage de lui obéir.

Étant convaincu autant que je le suis de l'intérêt infini qu'a Votre Majesté de le savoir, me serait-il permis de (5) me taire, et mon silence ne serait-il pas un crime digne en même temps de votre courroux et de toutes les foudres du ciel? *Epit. au Roi, pag 3, édit. de Cologne.*

Sire, des faits (6) condamnent une foule d'erreurs semées par une société ambitieuse dont je vous découvrirai les pernicieux complots, erreurs qui tendent à rendre les sujets doublement infidèles envers Dieu et envers leur souverain ; erreurs qui, d'un côté, transfèrent à la créature l'empire à l'indépendance du créateur, mais dont le but (7) principal est d'établir les moyens de soustraire, quand elle le juge nécessaire pour ses noirs projets (8), les sujets à l'obéissance qu'ils doivent *Ibid.*, p. 4.

(1) L'audace du clergé avait bien été jusqu'à soutenir, sous ce prétexte, que la religion est le premier des biens; que le pape pouvait détrôner les rois pour cause d'hérésie... Il a jugé le moment propice pour établir enfin son autorité sur toutes les nations. (Cottu , *De la situation du Clergé*, pag. 21 et 22.)

(2) Les chimistes de la haine ont trouvé de l'impiété dans la conscience, de l'outrage dans les respects, de l'hypocrisie dans la franchise. (*Pétition à la Chambre des Pairs*, par M. de Montlosier, pag. 2.)

(3) La religion n'est qu'un prétexte dont se sert la compagnie pour étendre son empire. (*Jésuites modernes*, pag. 169.)

(4) Cette cause n'est point en lui, pour lui (le Roi) tout amour, tout respect, tout honneur; la cause en est dans les choses qui l'obsèdent et les personnages qui l'entourent. (*Mémoire à consulter*, pag. 277.)

(5) Qu'on ne dise pas que ces craintes sont chimériques, que les foudres du Vatican n'effraient plus aujourd'hui personne. (*Cottu* , pag. 41.)

Toutes les paroles qui tombent du nouveau Capitole tombent de la voûte céleste , vont retentir dans toutes les *chaires apostoliques* ; c'est là qu'il est enseigné que le spirituel est au-dessus du temporel , autant que les pontifes sont au-dessus des rois. (*Revue de* 1826 , pag. 108.)

(6) De vils imposteurs, dont la plupart ne croient pas en Dieu , viennent nous prêcher la suprématie du pape. (Cottu, *Observations*, pag. 13.)

A l'aspect horrible de ces hommes remuans et audacieux , je m'en souviens encore en tremblant, je détournai les yeux de trouble et d'épouvante , et voyant le sanctuaire de la paix souillé de toutes les horreurs du crime et de l'imposture , je frémis de m'y trouver moi-même. (*De la Roche-Arnaud*, pag. 14)

à leur Prince, et même de les armer quand elle
voudra contre ceux que Dieu lui a donnés pour
maîtres (1).

Cependant cette artificieuse société a trouvé
moyen de rendre suspects d'hérésie et de révolte (2) ceux qui s'opposent à ses desseins, de se
servir de la religion (3) contre la religion même,
et d'employer le souverain pouvoir (4) de Votre
Majesté à ébranler les plus fermes appuis de votre
couronne ; enfin elle a réussi à faire autoriser, du
moins indirectement, ses dogmes les plus pernicieux, par une bulle émanée de Rome, qui condamne les propositions contradictoires à ses erreurs, ce qui fournit aujourd'hui à cette société un
prétexte pour donner ses dangereuses maximes
comme des *oracles* (5) *apostoliques*, et comme
des lois de l'église et de l'État ; mais si ce Dieu lui-
même a réprouvé, par des faits incontestables, les
nouveaux dogmes imaginés par cette société de
séducteurs (6), qui, pour soumettre tous vos su-

(1) La société ne veut laisser aucune classe étrangère à sa domination ; sa grande maxime est de conquérir le monde. (*Jésuites modernes* , pag. 66.)

Le jésuitisme travaillera sur les esprits simples , crédules et mécontens ; il donnera les alarmes, il ébranlera les consciences, il appuiera les oppositions ; le jésuitisme minera le fondement de l'édifice constitutionnel, en attendant l'assaut général. (De Pradt , *du Jésuitisme ancien et moderne* , pag. 300.)

(2) Je sais que la France est imbue de l'opinion qu'elle est gouvernée aujourd'hui non par son Roi et ses hommes d'état, mais comme l'Angleterre des Stuart, par des jésuites et des congrégations. (*Mémoire* , pag. 116.)

(3) L'Eglise de Rome a été reine des rois , a redemandé sa suprême puissance. (*Revue*, pag. 24.)

On a vu l'existence d'une secte ouvertement séditieuse et félonne occupée à transporter, par tous les moyens de doctrine qui sont en son pouvoir, à un souverain étranger établi au-delà des monts , d'où elle a été appelée ultramontaine , tout ou partie des droits de la souveraineté. (*Mémoire* , 290.)

Avec la religion ils ont fait un gouvernement religieux, qui a mis le commandement dans Rome et l'obéissance en tous lieux. (*Revue*, pag. 106.)

(4) Malgré toutes les décisions, toutes les précautions, la cour de Rome , et spécialement les jésuites, poursuivent sans cesse le système séditieux de la dépendance des rois et de la suprématie du pape. (*Mémoire*, pag. 59.)

(5) Louis XIV recula devant Rome. (*De Pradt*, pag. 407.) Louis XV se laissa envahir. (*Mémoire*, 263.)

jets (1), et s'insinuer dans leurs cœurs, leur enseigne une morale qui tend à les soustraire à la puissance divine et à la vôtre.

Tel est le malheur de notre siècle, on se sert du nom de Dieu contre Dieu même, et du pouvoir (2) de Votre Majesté pour persécuter ceux qui défendent ses droits. *Épit. p. 22, édit. 1737.*

Deux projets, qui s'appuient et se soutiennent mutuellement, sont la cause de tous les troubles de votre royaume.

Le premier est formé depuis long-temps par la cour de Rome (3); il tend à assujettir à son pouvoir, sous prétexte du spirituel, vos états, et jusqu'à votre personne même. *Ibid., pag. 23.*

Jusqu'à présent, les rois vos prédécesseurs en ont empêché l'exécution; mais la cour de Rome ne se rebute jamais (4), ce qu'elle ne peut faire tout d'un coup, elle tâche et y réussit par degrés, et gagne toujours du terrain dès qu'on est un moment sans lui résister (5). *Ibid., pag. 23, édit. Utrecht.*

(1) La congrégation..... établit solennellement le pouvoir sacerdotal au-dessus de tous les autres pouvoirs de la société, en reconnaissant le pape pour le suprême défenseur du droit et de la justice même. (*Cottu*, pag. 147.)

(2) Par la mission des évêques, il ne peut y avoir d'évêques que si Rome consent ; et, par une suite nécessaire de ce principe, il n'y a plus de ministère en définitive que sous son bon plaisir...... Ce pouvoir est immense, exorbitant, subversif de toute règle ; il fait un dictateur dans l'Eglise.... Rome connaît toute l'étendue et toute l'importance de cette prérogative..... Elle a triomphé de Louis XIV, elle s'est parée de sa victoire, elle a cherché à s'en faire un titre, car tel est son usage, avec elle tout de suite le fait se convertit en droit. (*Congrès de Panama*, pag. 65, de Pradt, archevêque de Malines.)

(3) Rome ne demande pas mieux que de suppléer à l'épiscopat par des vicaires apostoliques ; ce sont ses proconsuls. (De Pradt, *Congrès*, pag. 71.)

(4) Le jésuitisme ne peut manquer de dire anathème à la liberté de la presse. (*De Pradt*, p. 147.) Que deviendrait alors notre malheureux pays ; les jésuites seraient rétablis par une loi, la liberté de la presse supprimée* à jamais. (*Cottu*, p. 149.)

Fidèle aux principes de la société, ce n'est pas seulement sur Dupuis, Volnay, Rousseau, Voltaire que le père C. étend son zèle, nos livres classiques, nos livres de morale, nos histoires sont trop révolutionnaires. (La Roche-Arnaud, page 18.)

(5) La deuxième maxime reçue en France, c'est que le pape n'est point infaillible. (*Cottu*, pag. 6.) Rome n'existe pas pour elle-même, mais pour la catholicité. (De Pradt, *Congrès*, p. 71.)

(6) S'il se trouve que les docteurs qui entourent Mgr. l'archevêque de Paris ont osé introduire dans le nouveau Bréviaire un office en l'honneur du pape, auteur de la bulle *in cœna Domini*, que faut-il penser ! (*Mémoire*, page 147.)

* Quand les Chambres le sauront ! (*Cottu*, *Observations*, pag. 70.) M. de Montge on eût dit : *Si le Roi le savait !...* (Note de l'Éditeur)

Ce n'est pas assez dans cette cour d'attribuer au pape une puissance absolue sur le spirituel *, qui l'élève au-dessus de l'église et des conciles généraux **, et qui lui donne le pouvoir de le régler (1), suivant ses intérêts, ses passions et ses préjugés. Ce n'est pas assez pour elle de le rendre seul juge de la doctrine, et le maître universel (2) de la discipline de toutes les églises, d'ordonner à tous les archevêques et évêques (3) de n'être plus que les exécuteurs de ses jugemens; elle prétend encore lui attribuer le droit de donner et d'ôter les royaumes.

Elle s'efforce de faire accroire à tous les catholiques que le pape a ce droit; déjà la plupart des

* Les règles de l'index, qui n'ont pu être supportables qu'en les restreignant, sont mises au rang des lois perpétuelles, et le zèle de la cour de Rome, comme de ceux qui entrent dans son esprit, tend à rendre cette prohibition générale et perpétuelle (4). *Conséquences des miracles, tom. 1, p 20.*

** Il est certain en France que le pape n'est point infaillible; l'autorité du pape n'est donc pas suffisante pour donner à ses décrets le titre de règle de foi. (Conséquences qu'on doit tirer des *Miracles* (5), tome Ier., pag. 4.)

En effet, si quelqu'un voulait donner à la bulle *Unam sanctam*, à la bulle (6) *In cœna Domini*, le titre et la force de règle de foi, personne ne pourrait trouver mauvais que le parlement ne réprimât une telle entreprise.

(1) Que le clergé, comme puissance spirituelle, fasse aujourd'hui, auprès de la puissance sociale, des préparatifs semblables ; c'est sur quoi l'existence introduite à petit bruit de la plus formidable des armées (je veux dire des jésuites) ne peut laisser aucun doute ; c'est ce que la résistance éclatante et presque l'insurrection des prélats avait depuis long-temps fait apercevoir. (*Dénonciation*, pag. 19.)

(2) Il est connu que naguère le principal professeur de la faculté de théologie de Paris, y faisait soutenir des thèses où il préconisait Grégoire VII et Pie V, en même temps qu'on faisait soutenir des thèses où les efforts de Grégoire VII pour détrôner l'empereur Henri IV sont présentés comme un de ses principaux titres à sa canonisation. (*Mémoire*, pag. 147.)

(3) J'ai appelé la déclaration des évêques un *acte captieux* et attentatoire *aux lois de l'État*, en ce que cet acte semble avoir moins pour objet d'assurer l'indépendance royale qui y est énoncée nominativement, que de consacrer, en opposition à ladite autorité, le dogme de l'infaillibilité du pape, qu'on tient aussi en réserve pour le produire à l'occasion et d'une manière décisive. (*Dénonciation*, pag. 282.)

(4) Carbonarisme religieux, qui a autrefois enseigné le régicide. (*Mémoire*, pag. 304.)

On sait que tous leurs livres de doctrine régicide ont été approuvés par leurs supérieurs, quelquefois par le souverain pontife. (*Mémoire*, 170.)

Les voilà dans la ligue, et alors peu importe que Henri IV, protestant, ait fait abjuration, il faut qu'il périsse. (*Mémoire*, pag. 41.)

Conspiration d'État, doctrines, tentatives ou exécution ; leur histoire n'est qu'une suite d'attentats. (*Mémoire*, pag. 125.)

ultramontains (1) sont imbus de cette pernicieuse Édit. de Colo-
gne. maxime, et cette cour fait sans cesse des tentatives pour la répandre dans votre royaume.

Une longue suite d'événemens n'a fait que trop connaître qu'elle suit toujours ce dessein ; et récemment la publication, dans votre royaume, de la légende (2) de Grégoire VII, à qui un pape a décerné un trône dans le ciel, six siècles après sa mort, pour avoir arraché à un empereur celui qu'il possédait légitimement sur la terre, n'a-t-elle pas Page 23. dû suffire à Votre Majesté pour lui faire apercevoir que la cour de Rome ne perd point ce projet de vue ? cette *légende pleine d'artifices* (3), n'est-elle pas une preuve frappante que cette cour ne cesse point de vouloir persuader à vos sujets que les papes ont si bien le droit de détrôner les rois et *de disposer de leurs états*, que c'est pour eux un grand mérite de l'entreprendre, et une preuve de leur éminente vertu que d'y réussir.

Le second projet est formé par cette société am- Pag 23 et sui-
vantes, l'édition
d'Utrecht, 1737. bitieuse (4), dont les pernicieuses maximes ont déjà fait porter le fer jusque dans le sein des rois vos

(1) S'attribuant tout droit, ils appellent prudence, c'est-à-dire du nom de cette vertu, le sursis qu'ils accordent aux rois et aux peuples. (*Mémoire*, pag. 276.) Nos évêques et nos jésuites seront notre chambre haute..... Sur le tout nous mettrons le manteau du pape. (*Pétition*, pag. 15.)

(2) Ces hommes ont si bien réussi, que, pour une partie de la France religieuse et aveuglée, la religion et les jésuites, la religion et l'ultramontanisme ont été une seule et même chose. (*Mémoire*, pag. 138.)

(3) Les jésuites se saisirent de l'instruction publique, et, en leur qualité de généraux des armées romaines, commandèrent toutes les évolutions du clergé. (*Revue*, pag. 97.)

(4) Abandonner la jeunesse française à la main des jésuites, c'est vouloir faire une France théocratique et contraire à la monarchie. (*Revue*, pag. 3.)

(5) Le catholicisme compte cent vingt millions de sectateurs; il ne peut avoir moins de quatre cent mille ministres actifs, c'est un ministre par deux cent cinquante-cinq fidèles. Quel est le chef de cette immense famille et de cette milice présente partout? le pape! Si le monde entier était catholique, le pape commanderait donc au monde? quel pouvoir, et que laisserait-il aux autres? (De Pradt, arch. de Malines, pag. 314, *du Jésuitisme.*)

(6) Ce qui doit jeter l'effroi dans tous les rangs de la société, c'est l'invasion générale de la *puissance religieuse* en France et en Europe, favorisée par les *rois catholiques;* puissance qui s'élève au-dessus des dominations, qui se fait loi avant la loi; qui se nomme l'autorité devant qui les rois ne sont que sujets, les peuples des esclaves, et qui prenant ses titres en dehors de l'humanité, se fait un droit de n'en reconnaître aucun. (*Revue*, pag. 205.)

ancêtres : ses chefs veulent redevenir un jour les maîtres de votre royaume (1).

Pour cet effet, ils ont répandu dans tous vos états leur nouvelle morale; déjà plusieurs de vos sujets leur ont donné leur confiance (2); et, dirigés par de tels guides (3), qui ne cessent de leur inspirer une fatale indépendance, a-t-on lieu d'espérer que leurs leçons les rendront plus fidèles à Votre Majesté? Et les premières démarches de ces nouveaux docteurs ne nous donnent-elles pas au contraire sujet de craindre qu'ils ne disposent vos peuples (4) à satisfaire, tôt ou tard, les desseins ambitieux d'une cour perpétuellement attentive à s'élever au-dessus des trônes?

En effet, ils proclament le pape (5) comme la seule puissance qu'il y ait sur la terre, tant pour le spirituel que pour le temporel; ils s'empressent de lui faire une tiare de toutes les couronnes; et en lui attribuant l'infaillibilité, ils en font en quelque sorte un Dieu visible (6), non pas qu'ils aient pour

(1) Il est composé (le parti-prêtre) de ceux qui , à tous risques et périls, veulent donner la société au sacerdoce; pour ceux-là la puissance du pape n'est pas en première ligne, ils ne la considèrent que comme subsidiaire; ils sont prêts, quand on voudra, à abandonner la doctrine de la suprématie de Rome sur les rois, pourvu que les rois reconnaissent la leur. (*Mémoire*, pag. 34.)

Il est indifférent aux membres de cet ordre (des jésuites), d'adopter telle ou telle doctrine, encore que l'ultramontanisme soit parmi eux en grande faveur; je suis sûr qu'il y a parmi eux un certain nombre de gallicans qu'on tient en réserve pour les produire à l'occasion. (*Mémoire*, pag. 127.)

Tout le monde sait que le général (des jésuites) ne dépend, comme le dit saint Ignace dans sa lettre de l'obéissance, que du chef suprême que Dieu lui a donné sur la terre; que ce chef, s'il est le pape ou Jésus-Christ, car cela n'est pas trop clair dans cette lettre, n'a qu'une autorité bornée sur ce maître absolu des jésuites. (*La Roche-Arnaud*, pag. 17.)

Le général des jésuites est le véritable *el rey netto*. (*De Pradt*, pag. 142.)

(2) Doctrine qui , dans le désespoir d'un régime constitutionnel, n'a été récemment mise en faveur que pour remplacer par le pouvoir absolu du pape un autre pouvoir absolu qu'on regrette. (*Dénonciation*, pag. 260.)

(3) S'il faut en croire certaines informations, on assure que le pape et ses cardinaux ne demandent en aucune manière à M. de La Mennais, ni à aucun Français, les prérogatives absolues qu'ils veulent bien leur concéder ; pourtant, si à la fin la France entière se réunit à les reconnaître, il faudra bien se résoudre à les reconnaître aussi. (*Pétition aux Pairs*, pag. 29.)

(4) Relativement à la sainteté des pontifes , si nous nous en rapportons aux documens de l'histoire , on peut douter qu'elle ait toujours été à l'abri d'attentats sur la domination de nos rois. (*Mémoire*, pag. 4.)

lui un véritable respect (1), mais parce qu'ils espè-
rent se servir utilement du pouvoir sans bornes
qu'ils lui attribuent (2) pour l'exécution de leur
projet, qui est de se rendre, par son autorité, les
maîtres souverains dans tous les états, et spécialement dans les vôtres.

Dans cette vue, ils le portent sur le pinacle du
temple, ils l'élèvent au-dessus de la terre; et là, lui
montrant tous les royaumes du monde et la gloire
qui les accompagne, ils lui disent sans cesse : Nous
vous donnerons (3) toutes ces choses, si vous voulez autoriser notre morale et favoriser nos desseins.

Sire, tous ceux qui ont un peu approfondi la religion ne sont que trop instruits, par les oracles di-
vins, par l'histoire (4) de l'Église et par de tristes
expériences, que le successeur de saint Pierre n'est
pas toujours à l'abri des artifices et des efforts du
tentateur; les piéges que l'ambitieuse société a ten-
dus au père des fidèles n'ont été que trop séduisans;
le projet de la cour de Rome et celui des jésuites,
tendant tous deux à une même fin, qui est d'asservir

(1) L'Espagne et le Portugal ont leur ligue... * Le clergé d'Espagne, avec son fanatisme ultramontain et anti-social, ne voit pas qu'il fait courir au catholicisme le danger d'être appelé en jugement devant les sociétés humaines. (De Pradt, archev. de Malines, p. 255, *Jésuitisme ancien et moderne.*)

L'Angleterre n'est pas jésuite, il s'en faut **; M. Canning ne l'est pas, on en peut répondre. Liberté civile et religieuse dans tout l'univers, a dit M. Canning, voilà de grandes et belles paroles. (De Pradt, *idem*, pag. 255.)

(2) Si les Français zélés, qui verraient dans ces dispositions quelque chose de dangereux, et qui manifesteraient leur sentiment, étaient, par un système continu de diffamation et de persécution, repoussés et couverts de réprobation, que faudrait-il penser d'un tel gouvernement ? (*Dénonciation*, pag. 193.)

(3) Ils appelèrent à leur aide toute la milice de Rome, si redoutable aux libertés publiques, si favorable à toutes les servitudes. (*Revue*, pag. 51.)

(4) Le Clergé, la Cour, le Gouvernement, sont tellement imprégnés des avantages supposés dans l'établissement des jésuites, qu'ils n'en aperçoivent pas les inconvéniens. (*Dénonciation*, pag. 195.)

(5) Cela me rappelle ces anciens chrétiens judaïssans, qui, obstinés dans leurs anciens rites, étaient prêts d'anathématiser saint Paul prêchant les Gentils. (*Mémoire*, p. 25.)

(6) Le cardinal Fesch a été en France le grand promoteur des jésuites; dans son zèle inconsidéré il a placé la religion dans les observances légales et les choses monacales. (De Pradt, *du Jésuitisme*, pag. 244.)

---

* L'ultramontanisme, qui se tenait caché, a levé ses bannières sur les frontières du Portugal ; et après avoir proscrit la Charte de don Pedro, il s'est mis en marche pour la renverser (Cottu, *Observations*, p. 13.)

** M. l'archevêque a raison ; ce ne sont pas en effet de *telles gens* qu'appelle M. Canning. (Note de l'Éditeur.)

-tous les états catholiques (1), *et d'y faire régner le pape par les jésuites, et les jésuites par le pape*, ne se sont que trop bien accordés ensemble.

Comme le moyen d'y réussir dans votre royaume est de commencer par en écarter tous les sujets (2) qui ont un vrai zèle pour les intérêts de Votre Majesté, les chefs des deux projets et toutes leurs créatures (3) ont réuni leurs efforts, et fait jouer tous les ressorts de leurs intrigues pour y parvenir.

Une société ambitieuse a répandu son venin jus- Tom. 2, p. 48. que sur les autels ; elle a engagé dans sa querelle, elle a fait adopter ses erreurs et ses pernicieuses maximes à ceux-là même qui sont placés sur le chandelier (4).

De nouveaux juifs (5) ont envahi l'héritage du *De l'OEuvre* Seigneur ; de nouveaux pharisiens se sont emparés *des convulsions,* de son temple; une troupe de faux docteurs (6), tom. v, p. 59, exacts observateurs de l'extérieur de la loi, et les édit. d'Utrecht. plus redoutables ennemis de son esprit, a séduit la plupart des princes des prêtres.

On voit, Sire, des premiers pasteurs se montrer

(1) Lisez les mandemens de leurs évêques, dont la violence, poussée au-delà de toutes les bornes, a lassé le respect des Cours qui se sont vues forcées à les condamner. (*Cottu*, pag. 27.)

(2) Je dénonce, comme captieuse et attentatoire à la Couronne et aux droits de l'État, une adresse signée par plusieurs évêques. (*Dénonc.* , pag. 281.)

Concurremment, je crois devoir dénoncer comme complices et fauteurs des jésuites, les mandemens de plusieurs évêques; savoir, un mandement de M. l'archevêque de Besançon, un de l'évêque de Meaux, un de l'évêque de Strasbourg, un de l'évêque de Bellay.... (*Dénonc.*, p. 280.)

En ce qui concerne l'ultramontanisme, je dénonce, non plus une doctrine ultramontaine, frénétique, audacieuse... Doctrine, d'abord avouée ouvertement; puis, à cause du scandale, vernissée de différentes manières et modifiée; je dénonce expressément cette dernière espèce d'ultramontanisme, plus vénéneuse encore que la précédente... (*Dénonciation*, pag. 281.)

(3) De toutes parts de bons évêques (bous Français surtout, et bons royalistes) s'occupent à nous en obtenir de nouveaux. (*Dénonc.*, pag. 30.)

(4) Les fonctions des pasteurs légitimes ont été envahies, et leur zèle accusé d'insuffisance aux yeux de leurs paroissiens, par l'arrivée de prêtres étrangers. (*Cottu*, p. 15.).

(5) Le prêtre prétend au domaine de la jeunesse par l'éducation, et à celui du reste de la société, par toutes les règles qu'il lui conviendra d'établir. (*Mém.*, pag. 291.)

(6) Leur éducation ne semble être qu'un essai des mouvemens terribles qu'ils préparent au monde entier. (*La Roche-Arnaud*, pag. 9.)

les plus ardens destructeurs (1) de tout bien, souffrir
impunément que l'on prêche, jusqu'en leur pré-
sence, des maximes relâchées ou ultramontaines,
dont les unes attaquent la morale chrétienne, les
autres l'indépendance de votre couronne (2); et
employer, Sire, votre autorité pour punir ceux qui
ont assez de courage et de zèle pour se récrier contre ces abus.

Des religieux sans capacité sont appelés (3) pour
repeupler des maisons où la science brillait avant
ces nouveaux hôtes.

Les paroisses, auxquelles on arrache leurs légitimes (4) pasteurs, sont abandonnées à des merce-
naires qui ravagent le troupeau.

Presque toute l'instruction est confiée à une (5) société qui ne s'est jamais distinguée que par ses
excès (6), par ses opinions monstrueuses et par son

(1) Avec les jésuites, plus de paix, plus d'amour de la patrie ; ces hommes n'en veulent pas. (*La Roche-Arnaud*, pag. 9.)

(2) Peut-on dire que les jésuites, qui ont cessé d'être Français, du moment qu'ils se sont engagés par serment, à un prince, à un général étranger, soient soumis au Roi de France, comme le sont ses armées. (*Mém.*, pag. 126.)

Henri IV n'a point péri par des Français ; les jésuites ne sont ni Français ni sujets, ils sont Romains partout. (*Revue*, pag. 154.)

Comment nommer un clergé qui va prendre à Rome le mot d'ordre, et un peuple qui le reçoit à son tour de son clergé romain. (*De Pradt*, pag. 318.)

(3) Le souverain qu'on voit protéger ce mouvement, perd, ainsi que la religion, quelque chose du respect et de l'affection de ses peuples. (*Dénonc.*, pag. 205.)

Comme, dans sa position et dans la position des choses, autour de lui tout change, l'obéissance s'inquiète. (*Mémoire*, pag. 29.)

(4) On a vu ainsi l'existence de la congrégation, dont le système, tantôt religieux, tantôt politique, a fini par embrasser la France entière, ou au moins s'est étendu comme un réseau sur tous les corps. (Premier grief, *Mémoire*, pag. 289.)

On a vu l'existence d'un système ourdi par le clergé, à l'effet de revendiquer, tantôt contre l'autorité royale, tantôt contre nos libertés sociales, une domination qui ne lui appartient en aucune manière. (4e. grief, *Mémoire*, p. 291.)

(5) Lorsqu'on voit le clergé, sous de louables apparences, s'efforcer de déverser le mépris sur tout le corps universitaire, composé d'hommes recommandables par leurs mœurs et leurs lumières, non pas même un corps de prêtres séculiers, mais un corps proscrit pour ses doctrines

esprit de révolte (1) et de sédition, aussitôt qu'elle ne se trouve pas assez favorisée des puissances (2).

Qu'il me soit permis, Sire, de supplier Votre Majesté de considérer (3) ses véritables intérêts ; le succès des projets qu'on forme contre elle s'avance à grands pas (4); on a déjà proscrit vos sujets les plus fidèles et les plus capables de soutenir les droits de Votre Majesté. On a déjà (5) tari les principales sources des sciences, en détruisant les corps les plus célèbres et les établissemens les plus utiles. Il restait encore quelque vie dans quelques membres de l'Université, et voilà que, par un coup foudroyant, on la précipite tout entière dans les ténèbres de l'abîme. *Si Votre Majesté n'y apporte un prompt remède*, il ne lui restera plus désormais de sujets assez bien instruits de ses droits

dangereuses... comment penser que le clergé a bien moins la prétention d'enseigner la religion, qu'il n'a réellement pour but de préparer l'esprit des générations futures au seul système politique qui convienne à son ambition, et d'inculquer à la jeunesse cette fausse et pernicieuse doctrine que la plénitude de la souveraineté réside dans le pape... et qu'il peut disposer des couronnes comme il dispose de toutes les dignités ecclésiastiques. (*Cottu*, pag. 31.)

La grande Université de France qui, sous ses chefs savans et vertueux, semblait devoir achever la civilisation de la France et de l'Europe, est devenue la proie des Jésuites. *Revue*, pag. 140.)

(1) Hélas! nos vieux magistrats, ces savans et honorables dépositaires des grandes maximes de notre droit public, voient chaque jour leurs rangs s'éclaircir. (*Cottu*, pag. 107.)

(2) Les rois de France sont les moins instruits de leur histoire... L'Eglise et l'aristocratie sont toujours les rivales de leur gloire et de leur autorité. (*Revue*, pag. 23.)

(3) Les rois de nos jours ont cet immense avantage, qu'ils sont instruits par la voix publique des vœux et des besoins de leurs peuples. (*Revue*, 163.)

Que tout ce qui a l'habitude d'écrire redouble de zèle et d'activité pour dévoiler le danger de ces doctrines pernicieuses, destinées à asservir de nouveau la France sous le joug de Rome. (Cottu, *Observations*, pag. 13.)

(4) Ces paroles sont dures ; dès que je les prononce, un peuple de jésuites, d'ultramontains, va crier *Tolle!* Je ne sais où est le bûcher des Templiers ! Qui que ce soit qui avez aujourd'hui la puissance, je vous ajourne à deux ans. (*Dénonciation*, pag. 2.)

(5) On y reconnaîtra sans peine celui qui n'a jamais craint de sacrifier sa liberté ni sa vie pour servir son pays. (*La Roche-Arnaud*, page 23.)

pour les soutenir, ni assez courageux pour les dé-
fendre (1).

Telle est la condition des rois, que leur éléva-
tion même les expose à être plus souvent trompés (2)
que les autres hommes. Ceux qui ne sont guidés
que par leur ambition s'empressent autour du
trône, et ont presque toujours intérêt de leur cacher
la vérité ; et, comme ils sont intrigans * et poli-
tiques, ils trouvent le moyen de s'attirer leur confiance.

Un aussi grand prince que Votre Majesté veut Épît , pag. 2,
sans doute que la vérité lui soit connue (3); je ne dois édit. de Cologne.
donc pas craindre la puissance, les intrigues et
les artifices de ceux qui cherchent à la combattre (4).

La démarche que je fais , Sire, doit faire con- Épît , pag 27.
naître à Votre Majesté (5) quel zèle j'ai pour ses
véritables intérêts. Quelle gloire pour Votre Majesté

* *Voyez* pag. 10, notes 1 et 2.

(1) Que deviendra la monarchie! que deviendra l'Église de France, lorsque chaque jour éclairant un nouveau triomphe des jésuites, ses cours royales seront animées de tout le fanatisme ultramontain, lorsqu'elles nourriront dans leur sein la haine du prince, de nos lois et de nos institutions. (*Cottu*, pag. 109.)

(2) Si nos missionnaires (c'est un jésuite qui parle) vont au-delà des mers prêcher le nom de jésus, ce n'est pas pour Jésus, mais pour notre père Ignace à qui nous devons tout. (*La Roche-Arnaud*, pag. 169.)

(3) Je n'examine pas (c'est le même qui parle) si le fils de Marie exista sur la terre, peut-être trouverais-je encore là une invention des hommes. (*La Roche-Arnaud*, pag. 172.)

(4) Voulez vous des troubles, des révolutions, la ruine entière de votre patrie, appelez les jésuites. (*La Roche-Arnaud*, pag. 9.)

On est, selon l'occasion, cruel ou bienfaisant, relâché ou austère, respectueux ou hautain; on aura de même, selon les circonstances, l'extérieur de l'opulence ou celui de la pauvreté, l'ostentation de l'obéissance ou celle de la révolte; on sera *gallican à Paris*, *ultramontain à Rome*, idolâtre à la Chine; on sera ici sujet soumis, ailleurs sujet rebelle. (*Mémoire*, pag. 38.)

Arrivé avec un air soumis (le jésuitisme), un ton humble au pied du Vatican, des chaires évangéliques, des palais de justice, colosse menaçant, bientôt il a surmonté et dominé les uns, divisé et combattu les autres. (De Pradt, *Du Jé-suitisme*, pag. 135.)

Démon familier, entré en rampant pour finir par commander avec hauteur; tyran domestique dont il est impossible de se défaire une fois qu'il est admis. (*De Pradt*, pag. 292.)

d'apaiser les troubles qui ravagent vos états et qui tendent à en bannir toute vertu (1).

Délivrez-nous des piéges que tendent de tous côtés ces faux (2) apôtres, qui ne sont de la compagnie de Jésus que comme (3) Judas, pour trahir la vérité. Délivrez-nous de ces hypocrites dont le maintien modeste cache souvent le cœur le plus corrompu (4) ; pieux par ostentation, simples par artifice, humbles par orgueil, détachés de tout en apparence et ambitieux à l'excès, pauvres à l'extérieur et riches sans mesure, ne désirant rien et dérobant tout ; et, ce qui est bien digne de telles

OEuvres des convulsions, t. 11, pag. 59, Utrecht.

(1) Dans leur école on agit comme dans les siècles cor-
rompus : l'on parle beaucoup de morale et l'on n'en a point;
on parle de morale et de religion , et la morale et la religion ne sont que des mots. (*La Roche-Arnaud* , pag. 187.)

(2) Le Roi ne peut trouver de véritables garanties contre
les obsessions continuelles de la cour de Rome que dans ses
cours de justice. (*Cottu* , pag. 121.)

Je me réfugierai vers ces magistrats, je leur dénoncerai
ce que j'ai dénoncé aux procureurs-généraux. (*Mémoire* ,
pag. 312.)

(3) Les quatre grandes calamités que j'ai signalées, savoir,
la congrégation , le jésuitisme, l'ultramontanisme , l'envahissement des prêtres, menacent la sûreté de l'État, celle de
la société , celle de la religion. (*Résumé du Mémoire à Consulter*, pag. 313.)

(4) . . . .

gens, corrupteurs de toute (1) morale, ennemis de toute vérité.

(2) Tel est, Sire, l'unique moyen par lequel Votre Majesté puisse rétablir le bon ordre dans tout son royaume (3), rendre la paix à l'église, et faire refleurir dans tous ses états la science et la véritable piété.

Sire, cette gloire si grande d'être dans votre royaume l'auteur (4) de tout bien, le soutien de toute vérité, l'appui de toute vertu, ne sera point périssable et passagère : non seulement elle durera dans tous les siècles, mais Dieu la récompensera par une couronne immortelle. Ce sont les vœux ardens que fait avec le plus profond respect,

Ibid., pag. 18.

De Votre Majesté,

Le très humble, très soumis et très fidèle Serviteur et Sujet,

CARRÉ DE MONTGERON,

Conseiller au Parlement de Paris.

NOTICE.

M. de Montgeron présenta lui-même cette adresse au Roi le 31 juillet 1737; le *prince s'en trouva très offensé*, et le lendemain le fit enfermer à la Bastille, d'où il fut envoyé en exil; là il distribuait les livres de son parti, et se donnait en spectacle par ses démarches et ses discours.

En 1739, son ouvrage fut condamné à Rome avec les qualifications les plus dures; depuis il fut traité de *visionnaire et de fou*, et plusieurs regardèrent son livre comme un *prodige d'ineptie*.

M. de Montgeron mourut à Valence le 12 mai 1754, après avoir perdu aux yeux même de la plupart des siens, par la publication de ses derniers volumes, le mérite de sa démarche *.

Nous ne nous arrêterons point à faire remarquer l'injustice de son siècle et de l'histoire à l'égard de M. de Montgeron; déjà ses lecteurs en auront jugé; mais ce qui a pu leur échapper, c'est la conformité frappante qui existe entre les circonstances principales de sa vie et de celle de M. de Montlosier; le parallèle de ces deux grands hommes ne peut manquer d'intérêt.

M. de Montgeron, *qui vivait dans un entier oubli de la religion, dont l'orgueil était ridicule et le caractère naturellement ingrat*, long-temps

* *Biographies diverses.* (Art. Montgeron.)

égaré dans les voies du mensonge, se convertit soudain à la vue d'un tombeau, et devient le plus ardent défenseur des convulsionnaires, et l'ennemi le plus intrépide des jésuites.

Mém.,pag. 8.

M. de Montlosier qui, *pendant quarante ans de sa vie, ne cessa de combattre les opinions populaires*, peut-être aussi sur un tombeau abjure de vieux préjugés, déserte la cause qu'il avait si long-temps défendue, et se fait le champion des idées du siècle et l'accusateur le plus violent des disciples d'Ignace.

M. Legros, 2e. édit. de la *Vérité des Miracles.*

Exilé une première fois, peu après sa conversion, *M. de Montgeron conçoit dans les montagnes d'Auvergne le généreux dessein de recueillir les preuves des miracles, d'en faire les démonstrations, et de les présenter au Roi,* pour la confusion de l'épiscopat et d'un clergé tout-à-la-fois ambitieux et servile.

C'est dans les montagnes d'Auvergne que M. de Montlosier enfante ses courageux écrits, et son zèle le porte à en descendre pour *se faire le dénonciateur du parti-prêtre.*

M. Legros, *ib.*

M. de Montgeron, *avant sa démarche, consulta des personnes* * *éclairées même dans l'épiscopat* **, *qui approuvèrent son dessein.*

* Plusieurs avocats et quelques conseillers, fort célèbres au temps des convulsions, aujourd'hui inconnus.

** M. Soanen, évêque déposé de Senez.

M. de Montlosier, *avant de commencer le com-* Dénonciation,
page 6.
bat, recherche les conseils de ses amis les plus dis-
tingués *, *et les lumières* ne lui manquent point
du côté de certains prélats **.

C'est le 31 juillet que M. de Montgeron présente
au Roi son livre, tendant *à l'expulsion des jésuites*
et à la justification des appelans; le lendemain il
est jeté à la Bastille, puis envoyé en exil.

Le 1er. février 1826, M. de Montlosier offre à
la France, adresse aux cours royales, *un Mémoire*
à consulter sur un système politique et religieux,
tendant à renverser la religion, la société et le
trône; le mois suivant, une lettre du Ministre lui
signifie, *en termes fort durs,* que le gouvernement lui retire ses pensions et ses faveurs.

M. de Montgeron est traité de visionnaire et
d'insensé..... (*Voy.* ci-dessus.)

P. S. M. de Montlosier nous promet un nouvel
ouvrage qu'il intitule des *Mystères de la vie hu-*
maine. Serait-ce le *Prodige* de M. de Montgeron?

* MM. Dupin, Devaux, Bourdeau et peut-être M. Cottu.
** M. de Pradt, ex-archevêque de Malines.